Go To Hell

Curse Word Coloring Book

By

S.B. Nozaz

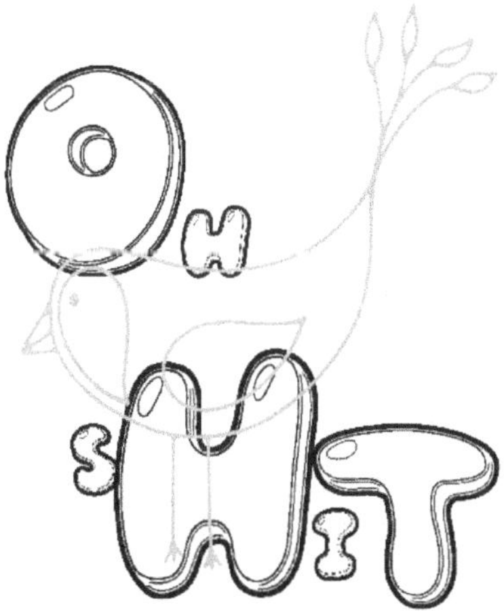

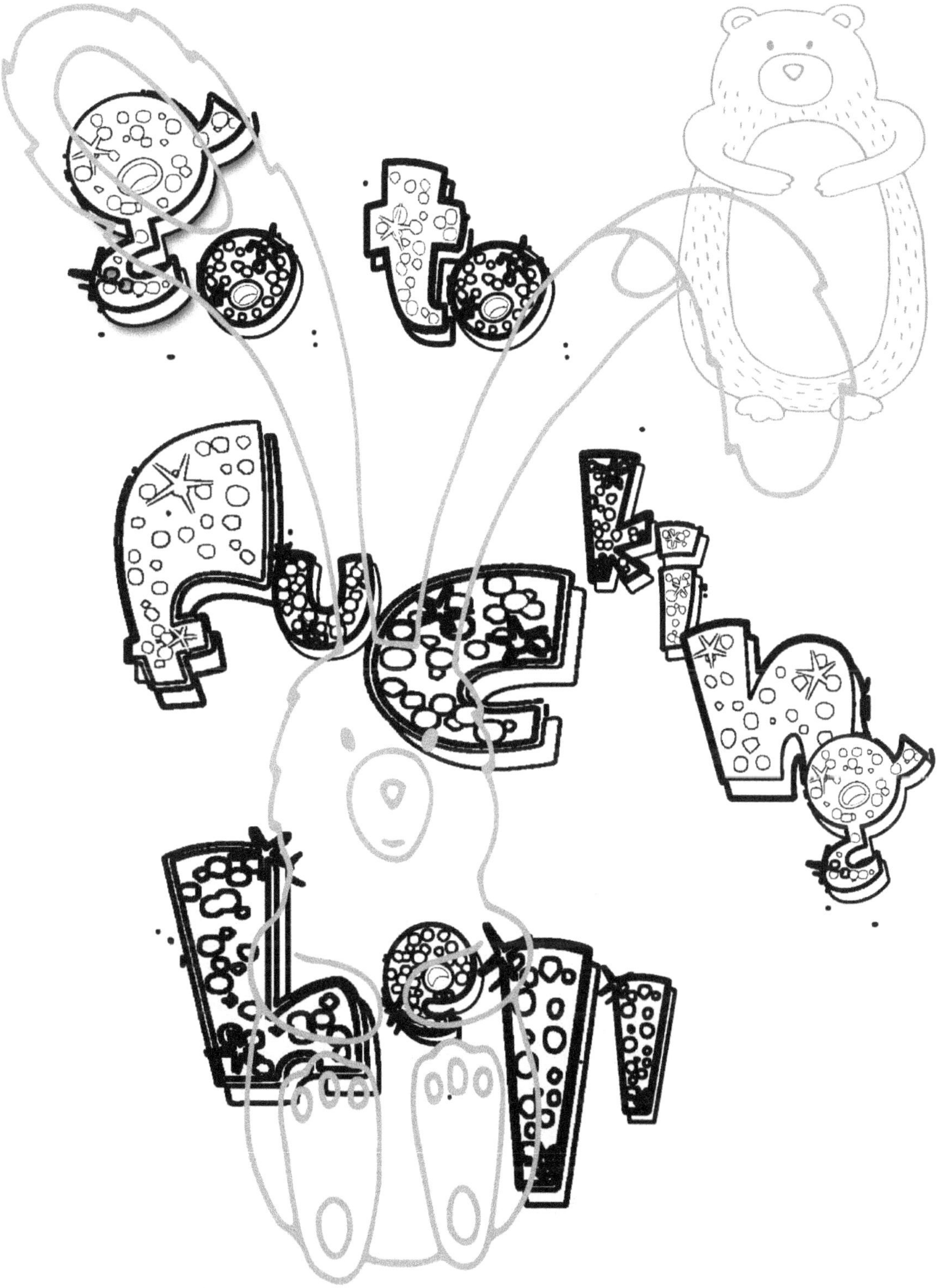
Go to
fucking
bed

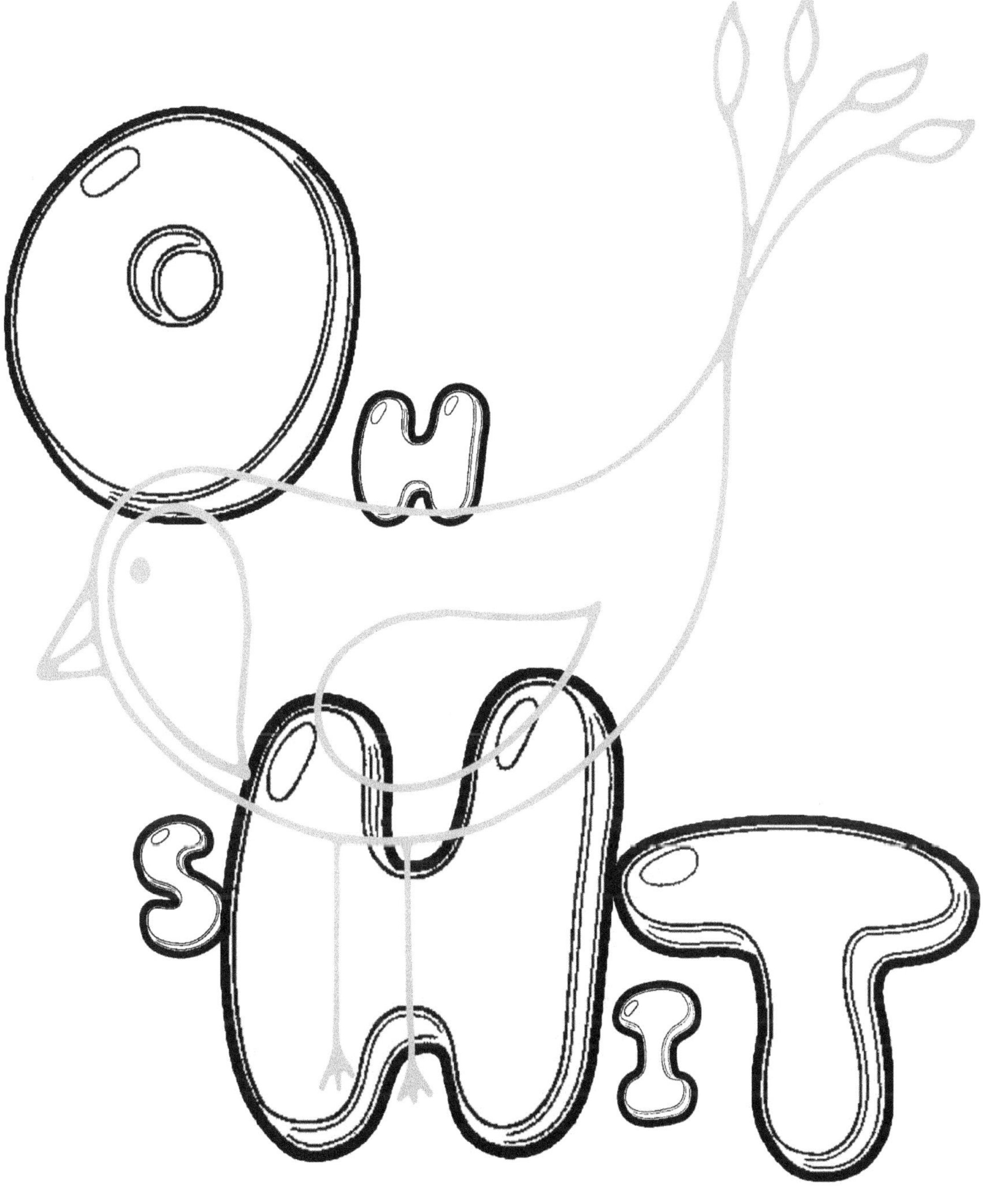
Oh
sHiT

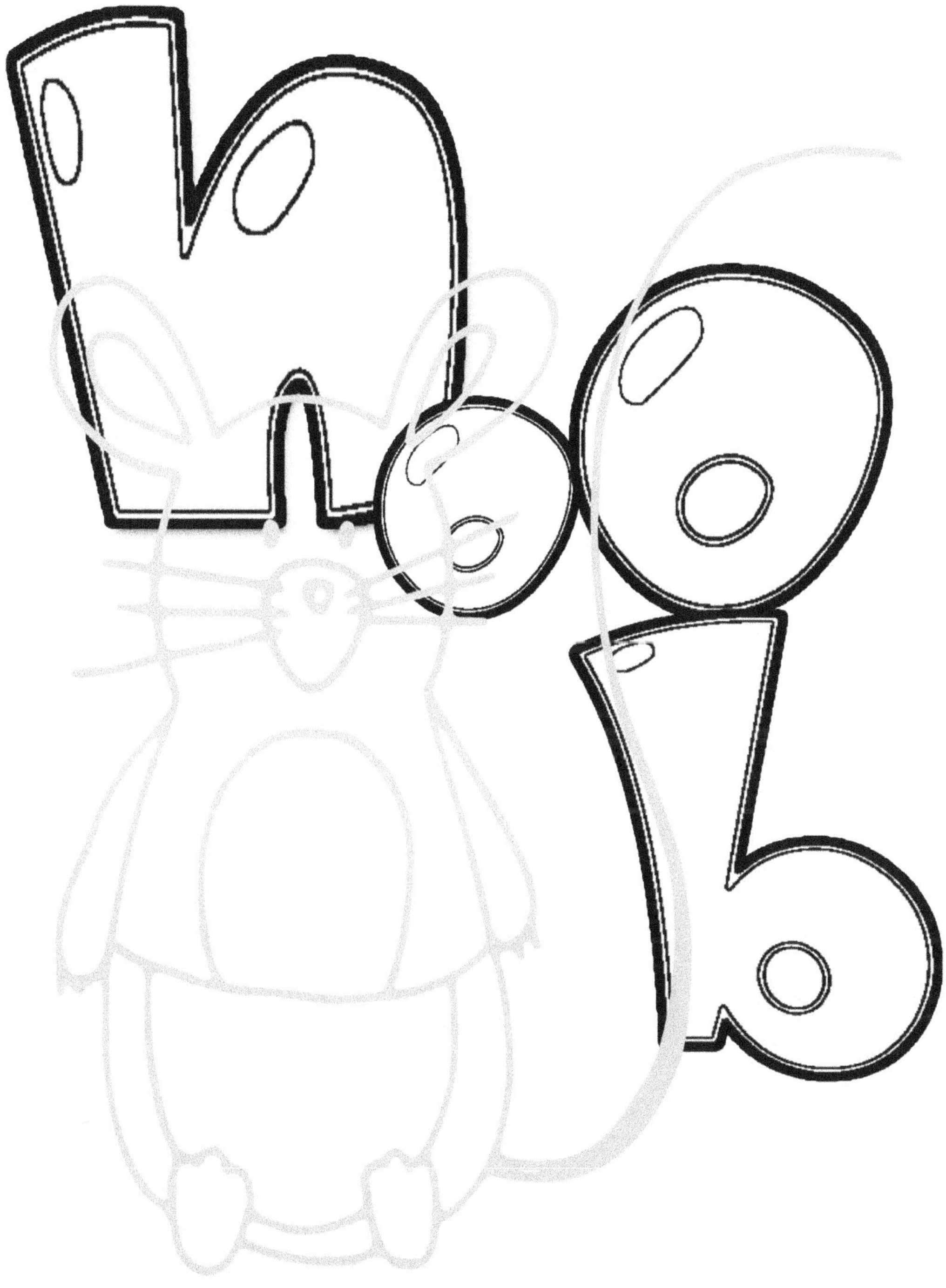
hoob

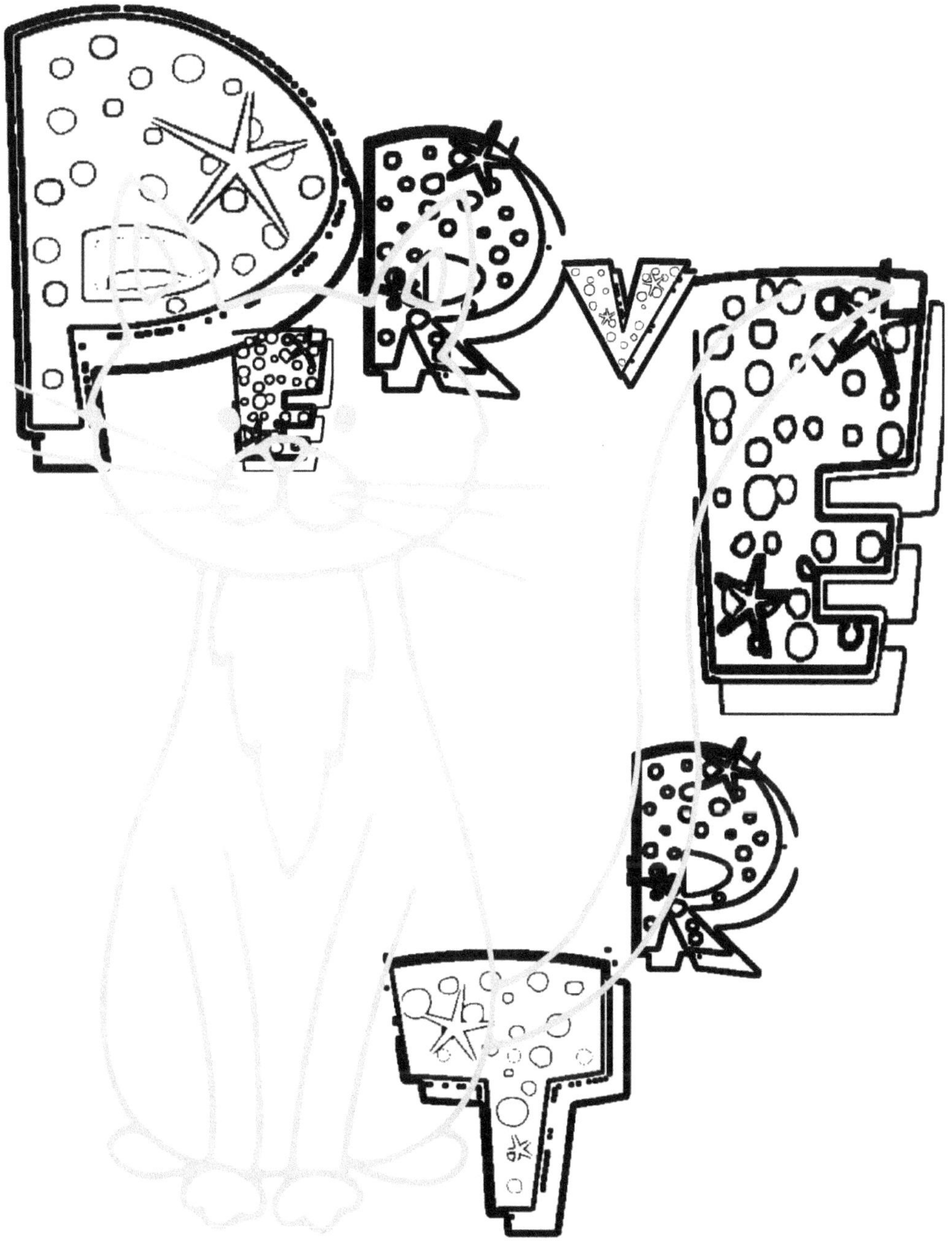

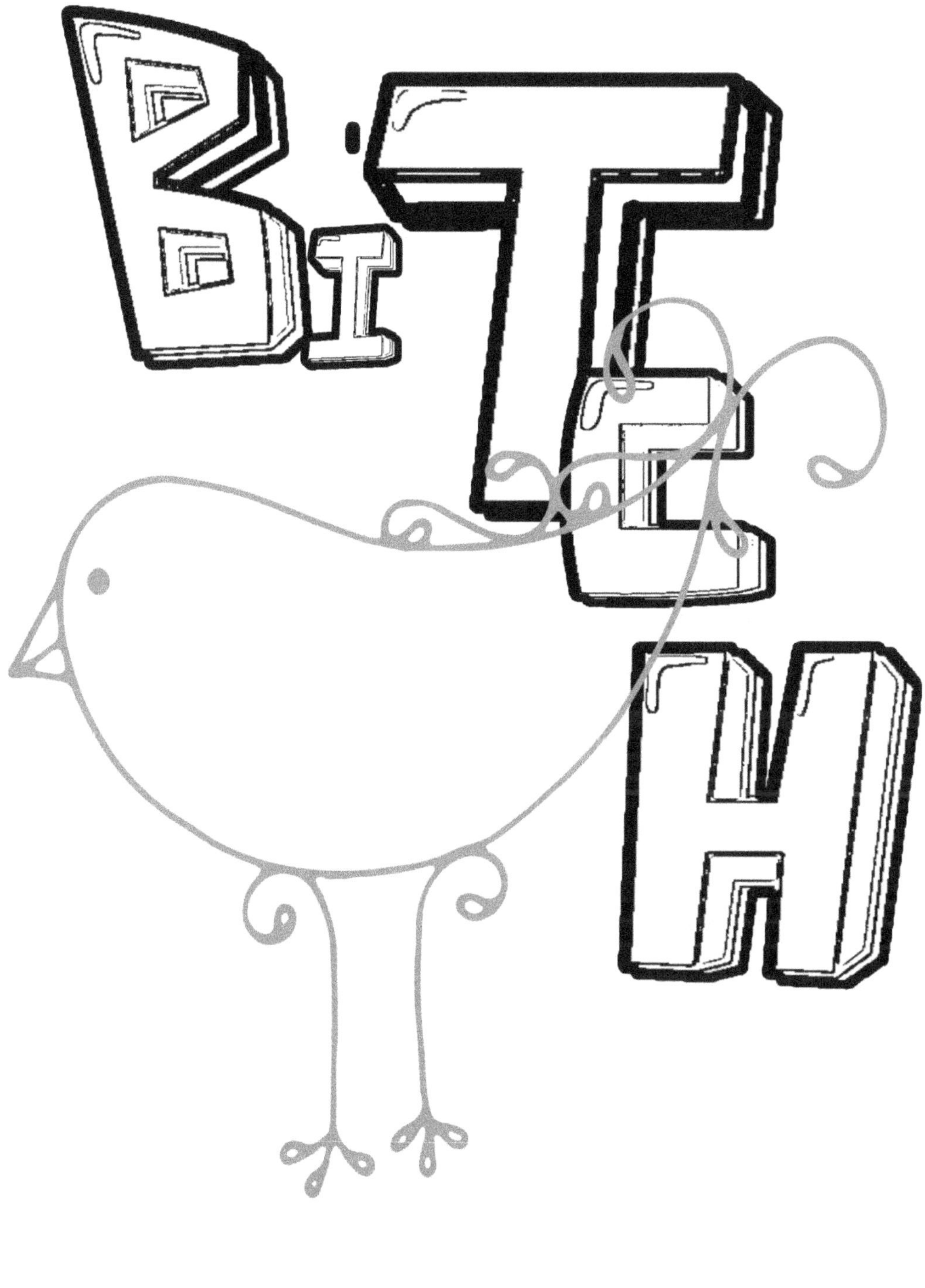
BiTCH

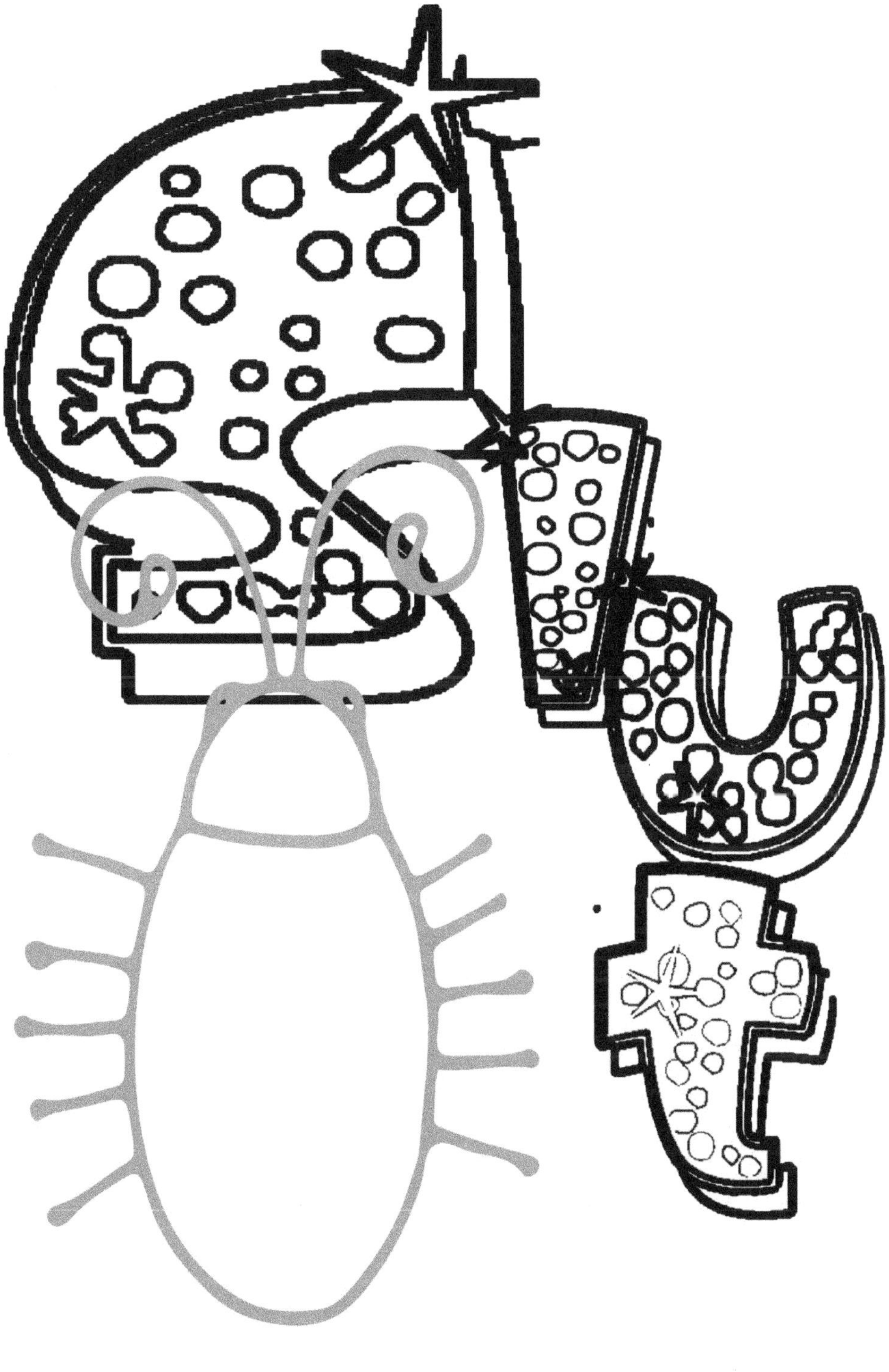
Slut

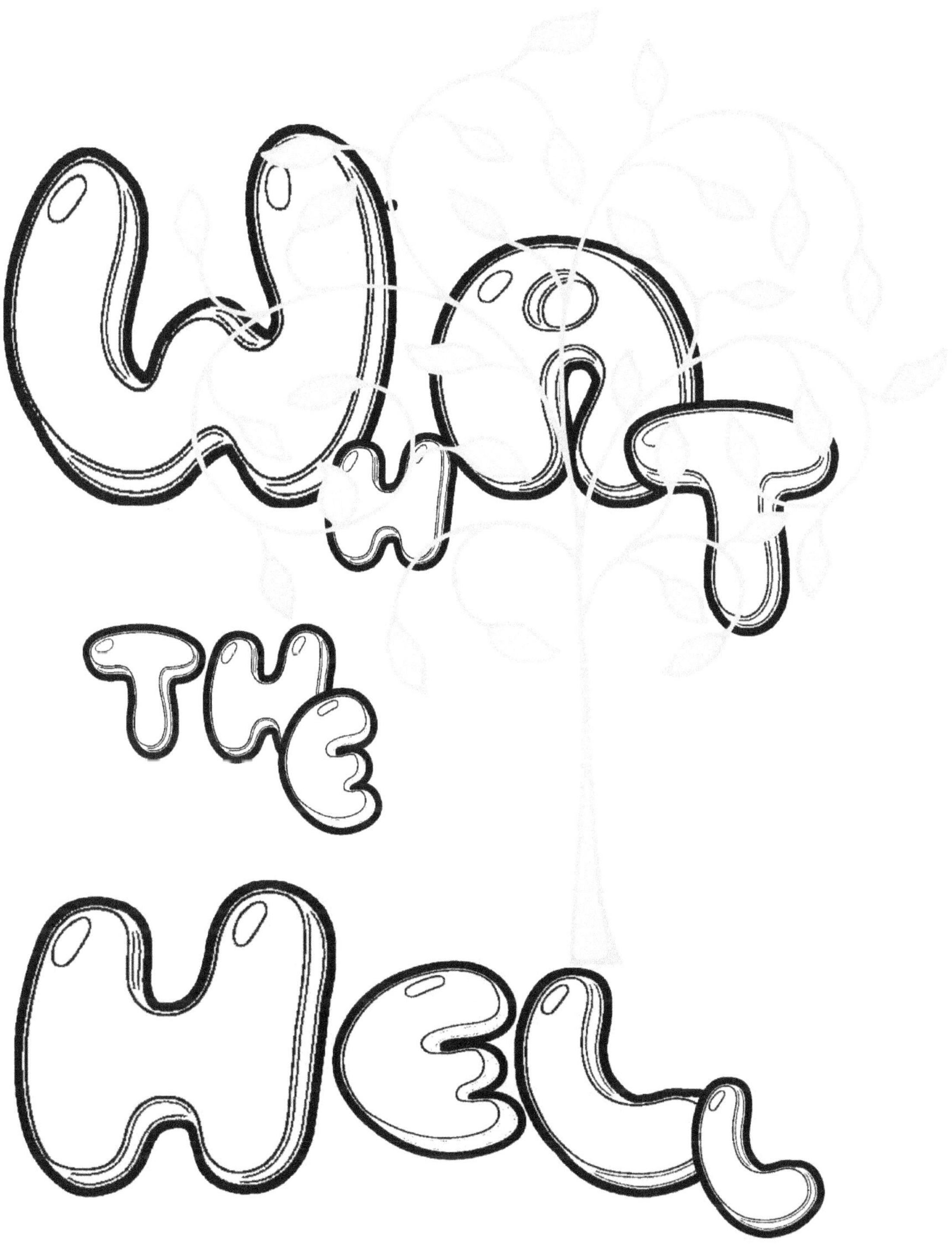
WHAT
THE
HELL

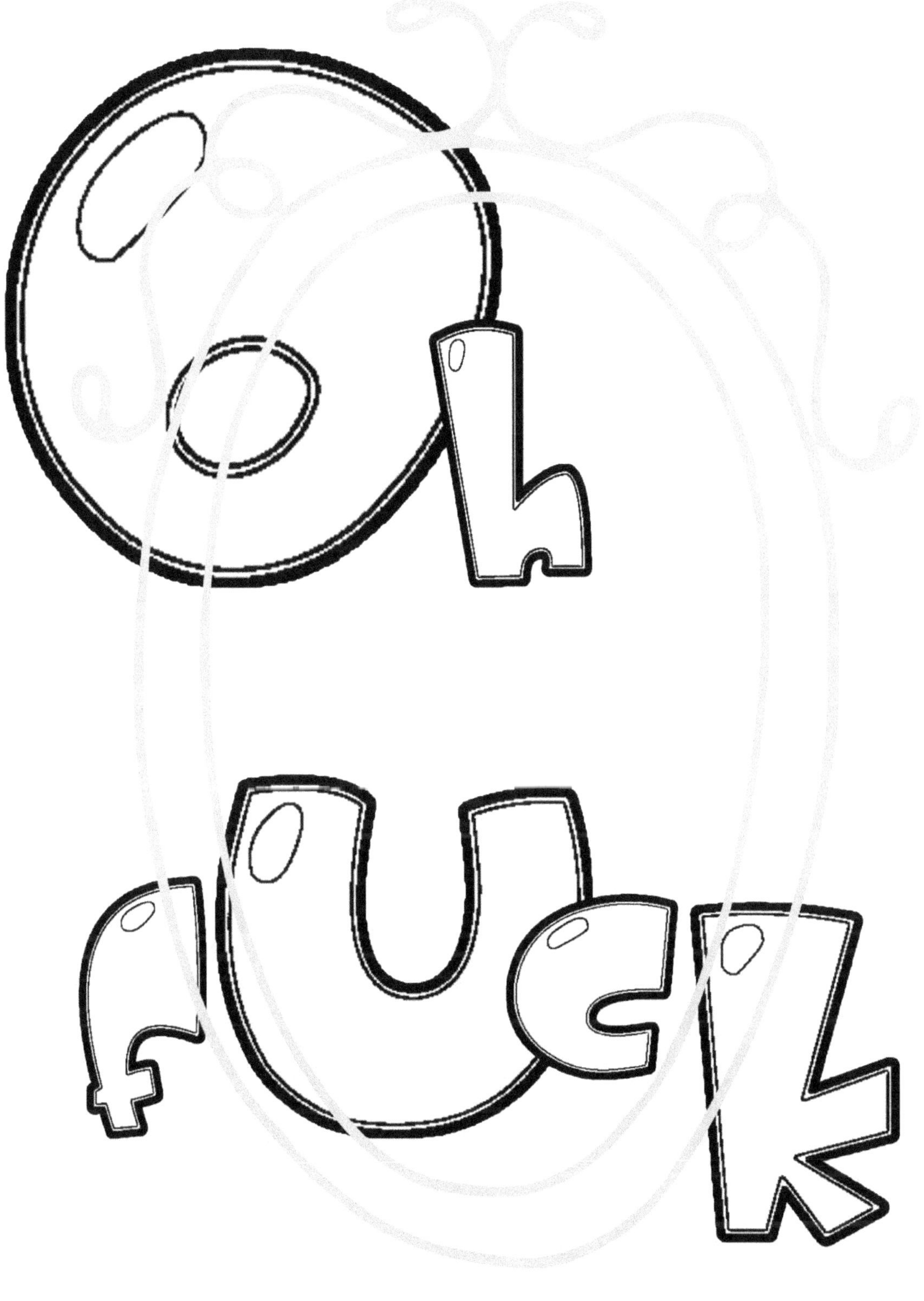
Oh
fuck

low life

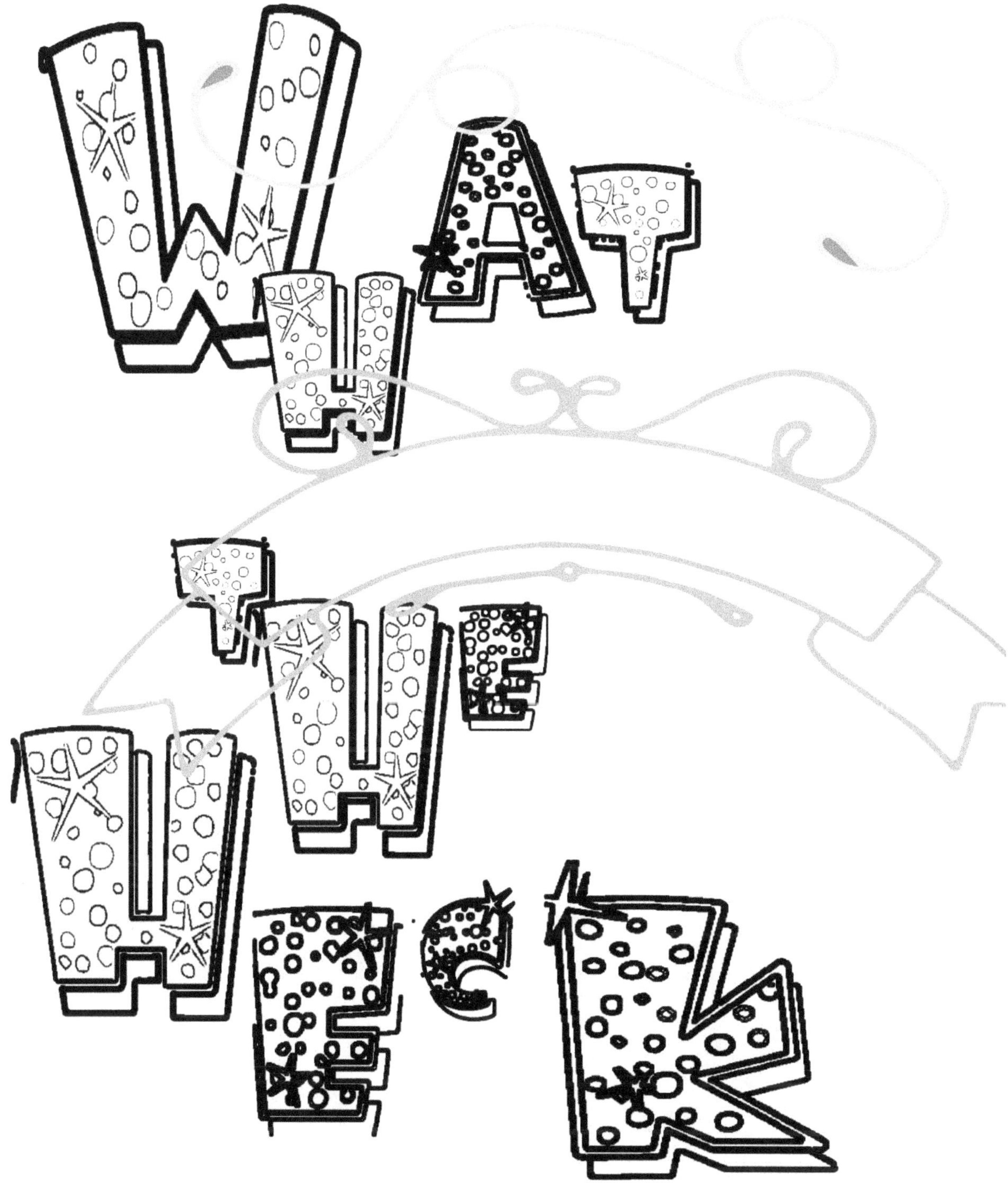
WHAT
THE
HECK

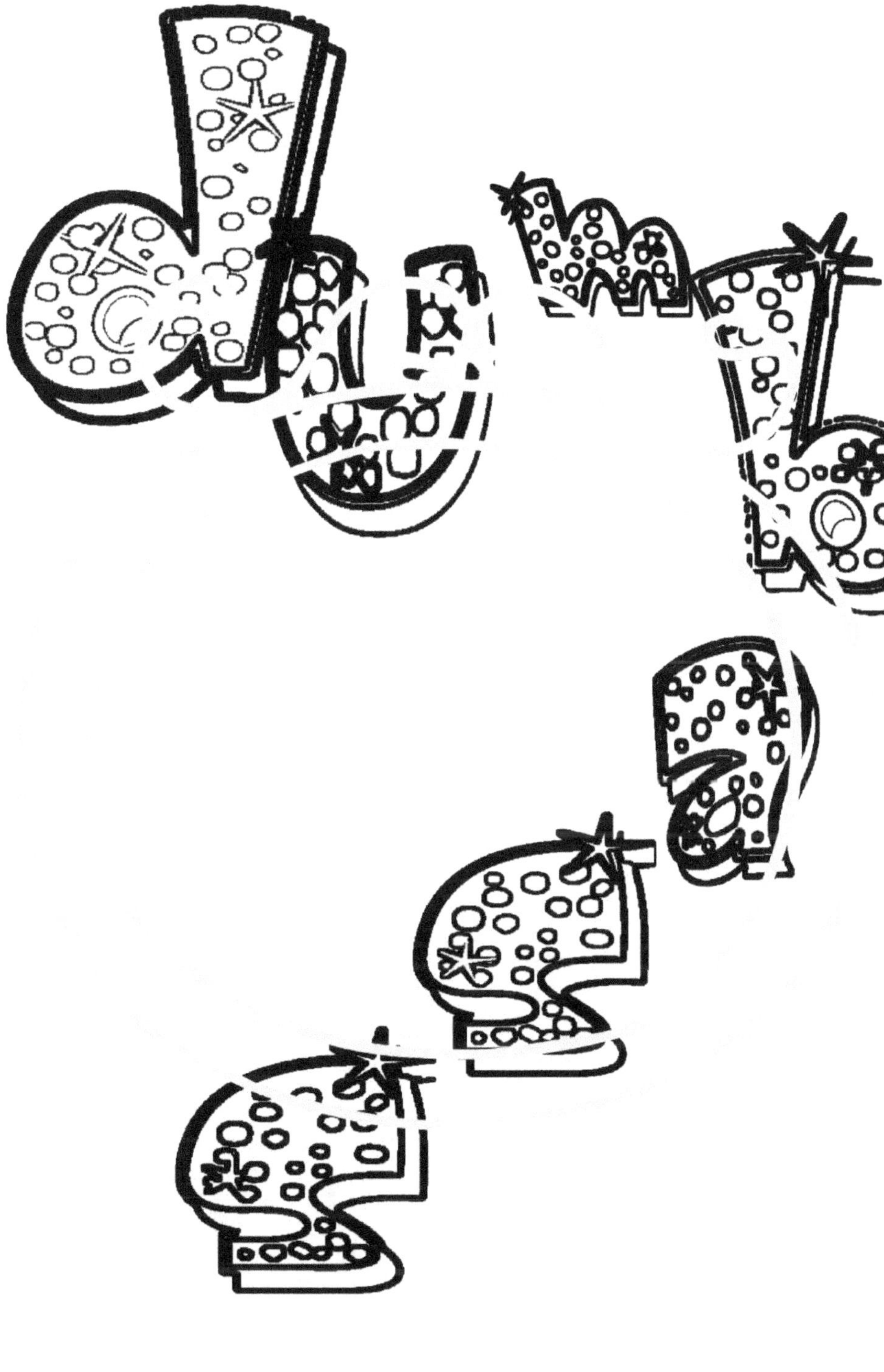
dumb

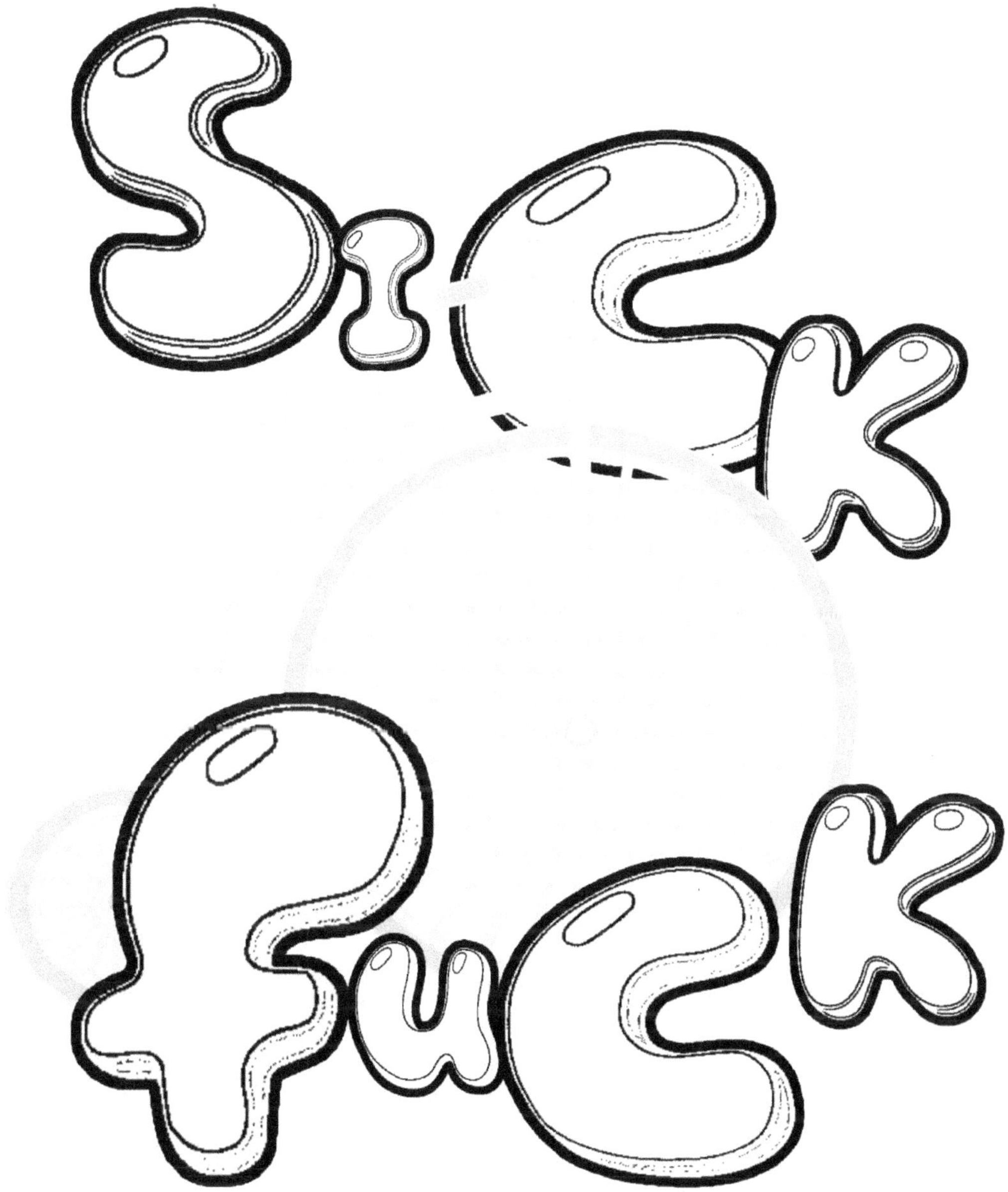
Sick
Fuck

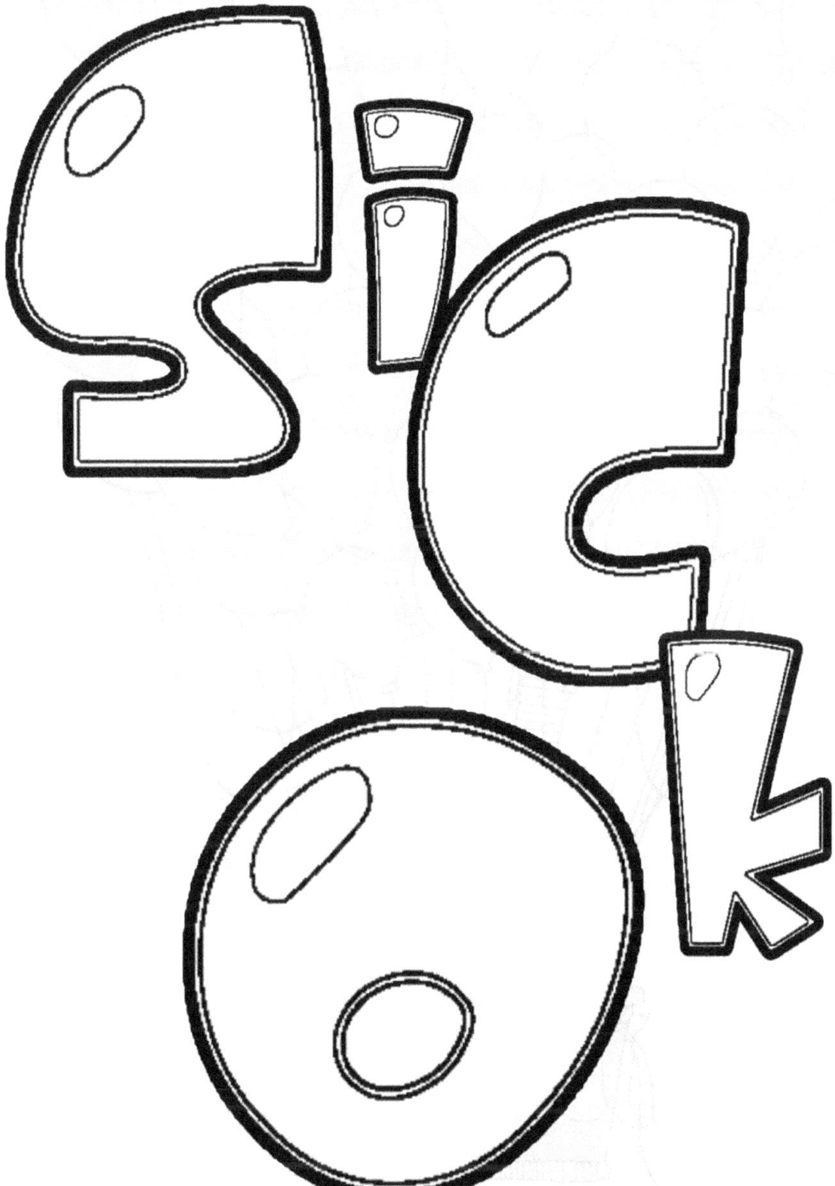
Sicko

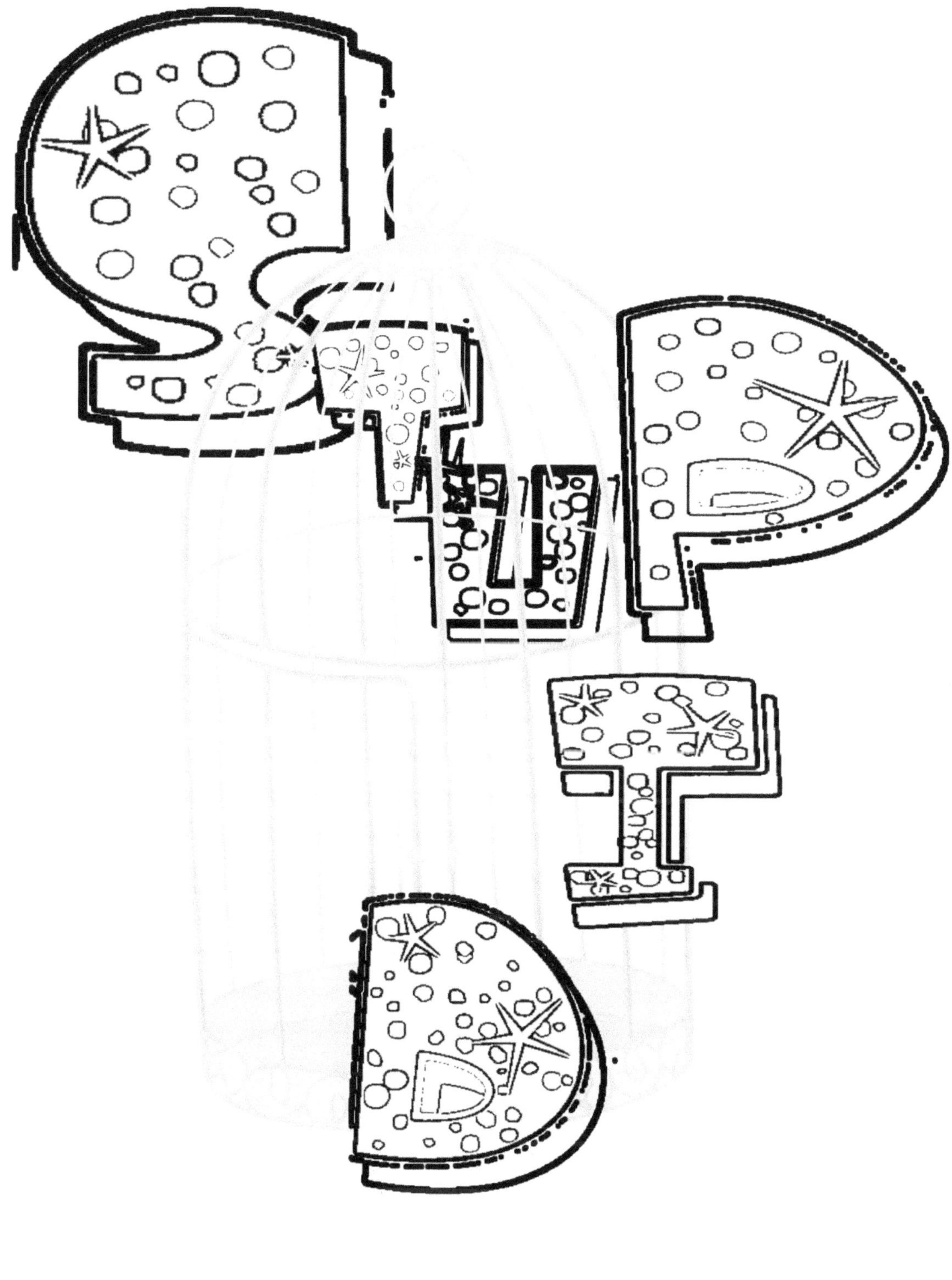
STUPID

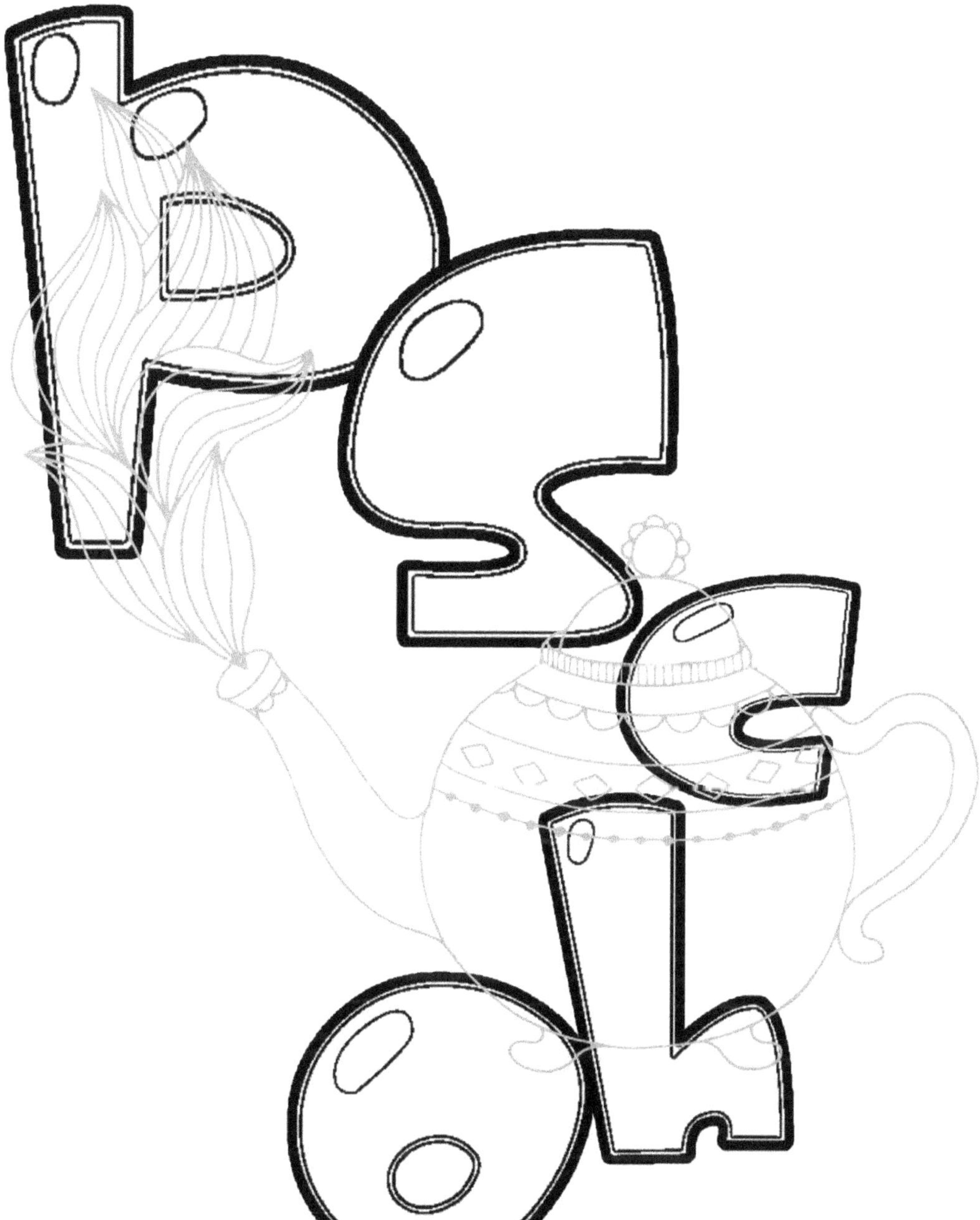

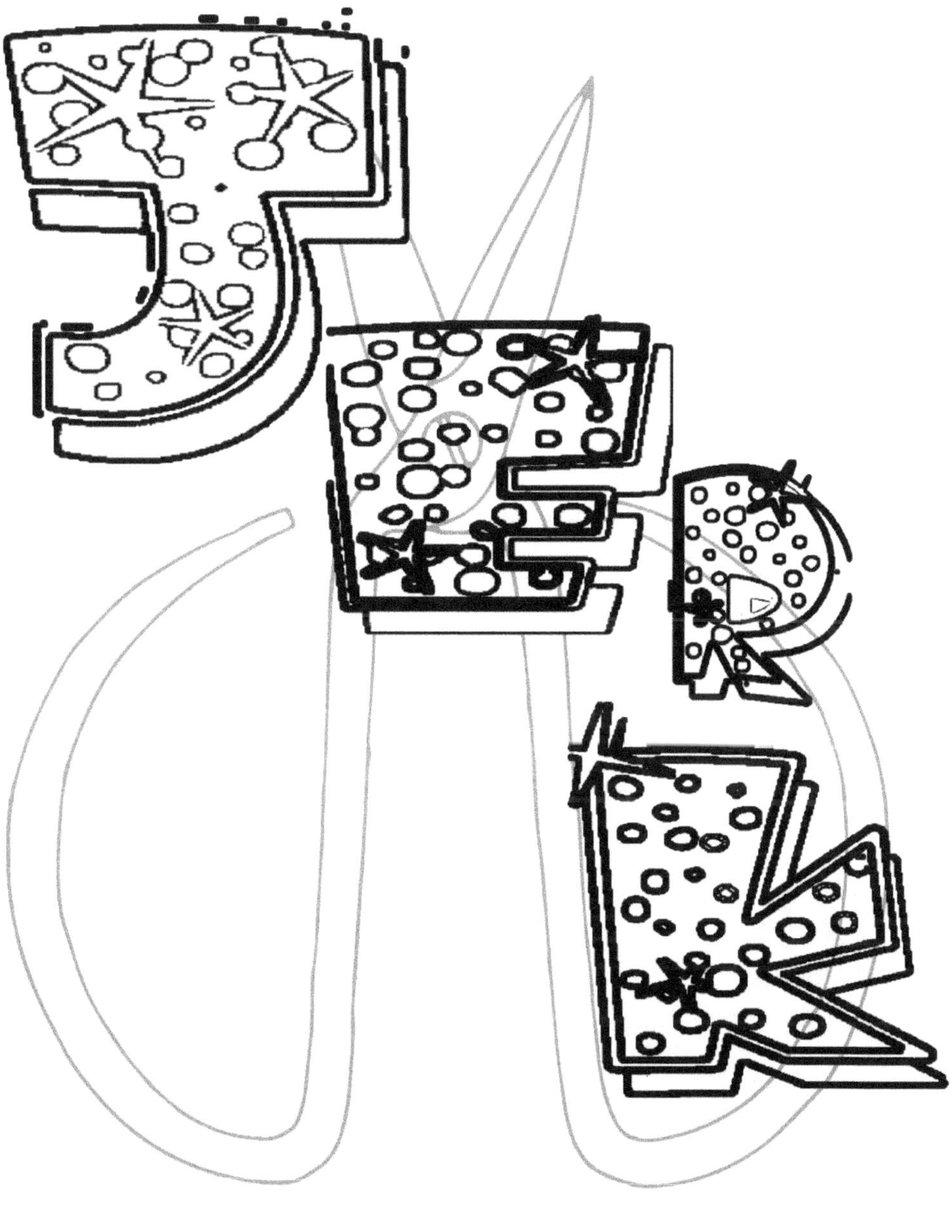
JERK

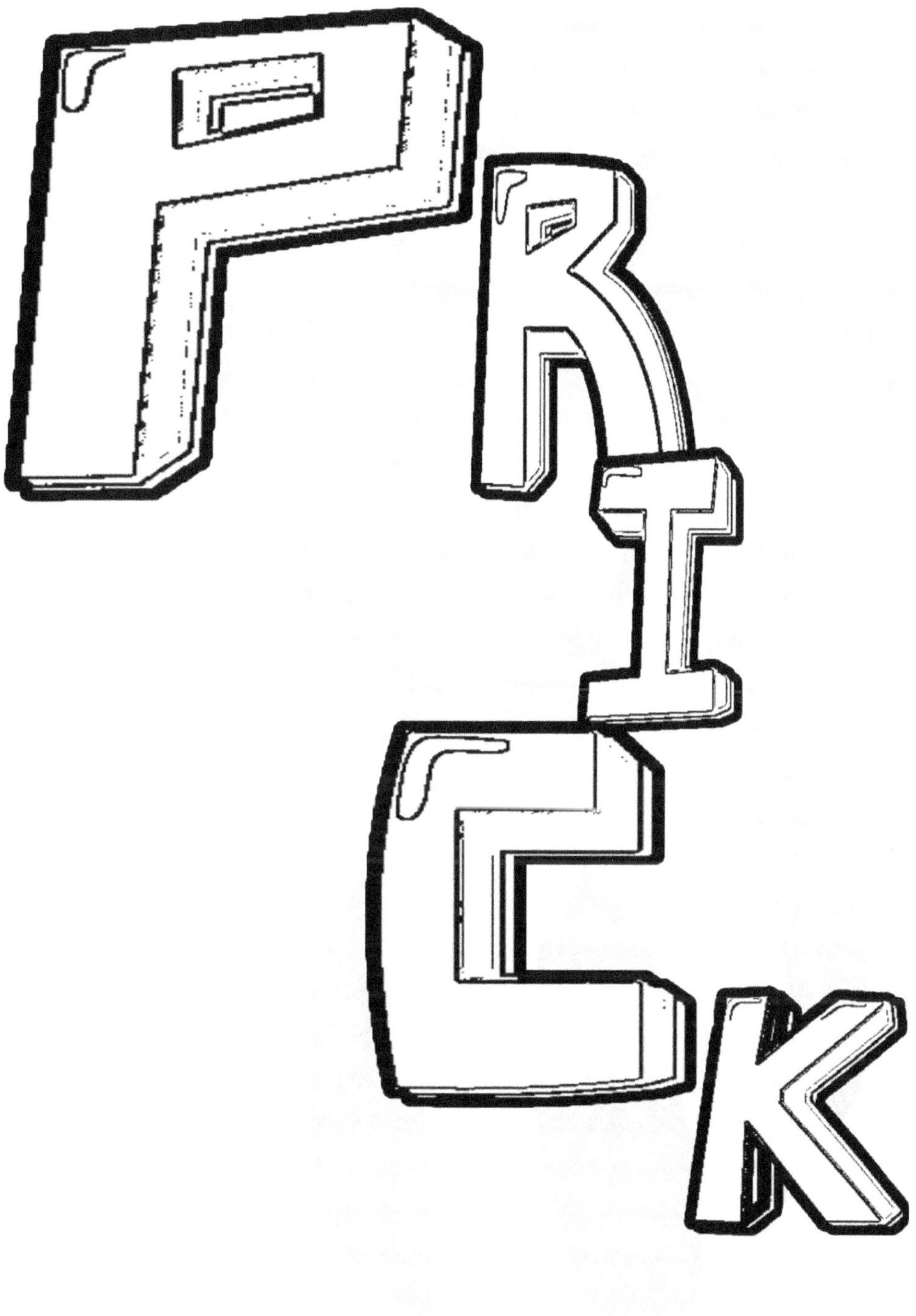
PRICK

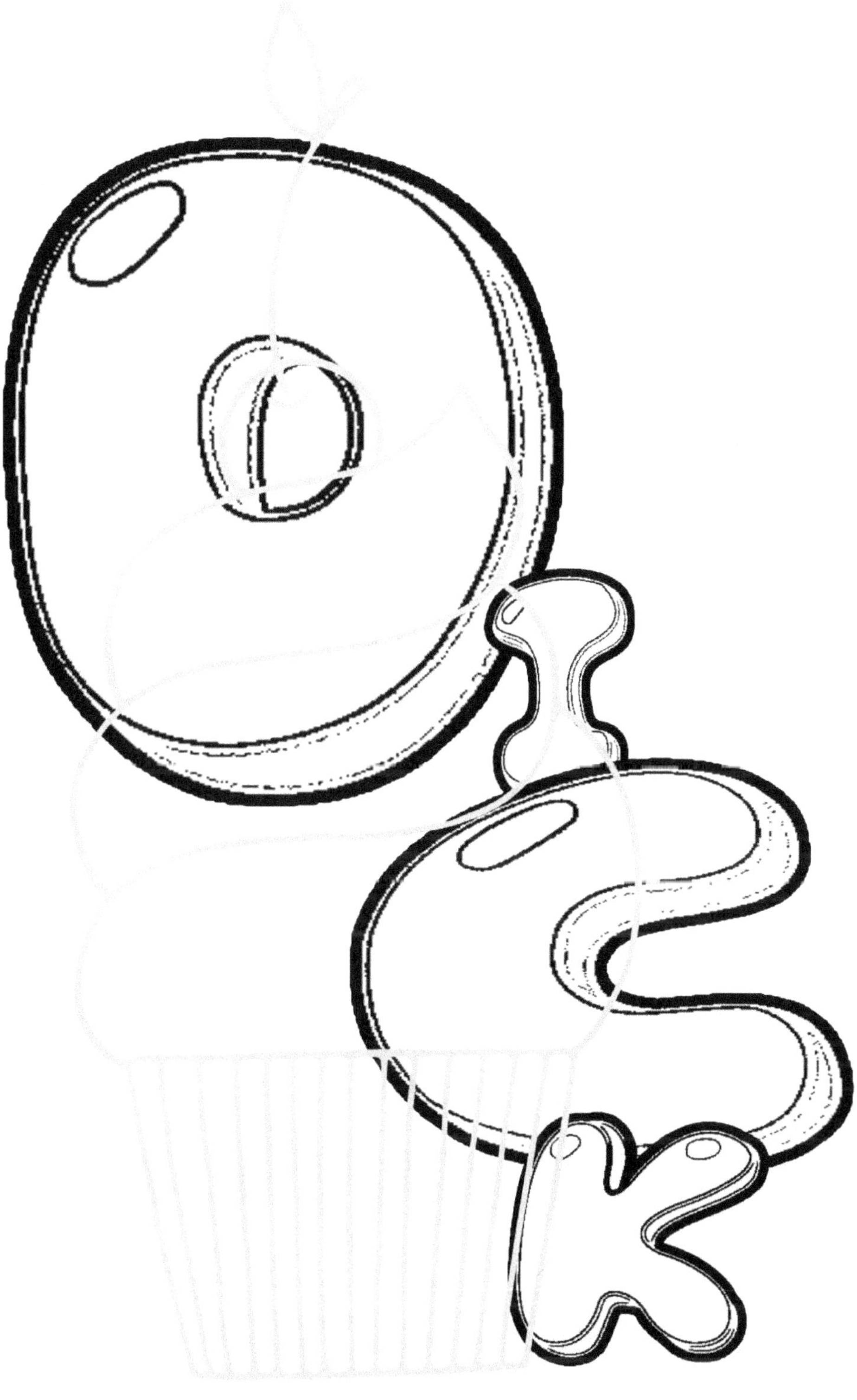
Ok

Note